행
복
여
행

| 행복 여행을 펴며 |

    행복은 무엇일까? 저마다 생각이 다르겠지만 행복은 '진실된 나를 구현하는 과정'이라서 행복을 어느 상태라기보다는 여행으로 표현하고 싶다. '진실된 나의 구현'을 위해서는 끊임없이 자신이 좋아하는 것을 찾고 계속할 수 있는 일로 만들어 가는 삶의 과정이 반드시 있어야 한다는 생각이다.

    우선, 우리의 '행복여행'은 불행의 씨앗이 되는 일상의 지루함을 근본적으로 해소하는 방법 또는 길을 구하는 여정이다. 또, 이 순간이 지나고 나면 사라지는 되돌림 없는 절박함 속에서 새로운 유익한 것을 꿈꾸고 그것을 이루기 위해 스스로 변화하는 과정이 이어져야 한다. 언제나 슬픔과 기쁨의 뒤섞임 속에서도 자신을 돌아보고 위로하는 긍정적인 삶의 역사도 생활화되어야 한다. 설령 화나는 일이 있더라도 늘 바라봄의 평화를 주는 자연을 찾아 용서하고 다시 가족과 이웃에 대한 신뢰와 사랑을 키워가는 과정이 행복에 이르는 여행이다.

    여기 시와 삽화는 이전에 출간된 시들의 일부와 새롭게 적은 시들을 묶어 어떠한 여건 하에서도 세상을 긍정적으로 바라보는 실마리를 풀어낸다. 우리들 삶이 모질고 험난한 일이 다반사라 하더라도 긍정적 변화의 터전으로서 '일터'를 좋아하는 대상으로 가꾸는 열정이 그려진다. 함께 생을 나누는 사람들이 꿈을 펼치는 열정을 체험하면서 행복이 더해짐도 노래한다.

때론 일상이 지루할 때는 새로운 곳이 주는 변화를 느끼고 늘 기본이 주는 평화를 일깨우는 자연의 사계절을 탐독하는 편지를 쓴다. 그래서 마침내 '세상은 그래도 살 만하다'라는 겸손하지만 한결같은 메아리를 세상에 전한다. 이제까지 아내와 가족을 비롯한 많은 분들이 행복이라는 실체를 알려주고 도움을 주신 것에 감사드리며, 특히 이 책을 아름다운 삽화로 빛내 주신 큰 형수님이자 화가인 안성옥 작가님, 국가공무원 인재개발원 연수 동기인 이중화 작가님의 정성과 노고에 무한한 신뢰와 깊은 감사를 올린다.

2025년 여름에

저자 이정욱 남김

| 추천사 |

이영빈
국방부 기획조정실장/음악평론가

　저자 이정욱 국장은 30여년 넘게 한국은행에서 봉직하며 대한민국 경제부흥과 금융안정의 기수로 활동했던 '한은맨'이며 현재는 새 일터 하나카드(주)에서 상근감사로 활약하며 회사 발전에 헌신하고 있는 정통 '이코노미스트'입니다. 그러면서도 자전거 여행과 테니스를 즐기는 활동적인 풍류가이기도 하고 '시인'이라는 또 다른 필살기를 갖고 있는 말 그대로 동시대에 보기 힘든 문무겸재의 선비입니다.

　당대의 모든 사회 · 경제 현상을 문장에 담아낼 줄 아는 저자의 탁월한 재주는 옛 과거제도에서 검증했던 두 가지 역량, 즉 정책해결능력과 문예창작력을 모두 갖춘 이상적 군자의 덕목과 일치하고 있습니다.

　경제학자의 이미지로 인해 언뜻 이지적 사고와 계량적 논법이 앞설 법한데도 저자의 작품에는 늘 인간적 풍모, 특별히 겸손함이 군데군데 녹아 있습니다. 공직자로서 늘 자중자애하던 품새가 남아 있는 것인지 모르겠으나,

저자의 시를 읽다보면 휴머니즘의 온기를 잃지 않는 그 소탈한 표현과 내용에 시나브로 매료되기 마련입니다.

  그런 의미에서 부질없는 탐욕과 야망으로 들끓는 이 각박한 분열의 시대에 비움과 관조의 미덕으로 세상을 다시 잇고자 하는 저자의 신념이 가득한 『행복여행』은 진정한 행복의 의미를 잃어버린 현대인들에게 놀라운 선물이 될 것입니다. 인생의 마디마디에서 느낄 수 있는 참된 행복을 일깨워주는 매개체가 될 본서를 마주하신 독자 여러분은 수시로 애독하면서 저자와 손을 맞잡고 그 시선을 따라 행복의 길로 걸어가 보시길 바랍니다.

| 추천사 |

최정희
이데일리 기자
———————————

    이정욱 하나카드 감사를 처음 만난 곳은 그가 30년 넘게 재직했던 한국은행이었습니다. 한국은행은 기준금리를 올리고 내려 시중의 통화량을 조절하는 곳입니다. 국내총생산(GDP), 경상수지, 환율, 채권 등 숫자와 떼려야 뗄 수 없는 업무를 하는 곳입니다. 감성보다는 이성이 지배하는 곳이죠.

    이런 곳에서 이 감사는 '시인'의 감성을 드러냅니다. 조사국에서 경제 전망을 하고 금융안정국장을 지내며 부동산 프로젝트파이낸싱(PF)이 일으킬 금융시장 불안을 경고하던 그가 말입니다. 그는 2018년 '봄 만남, 겨울 이별의 시와 사색'이라는 첫 시집을 펴냈고 이듬해 '화폐제국의 숨결'이라는 제목의 두 번째 시집을 펴냅니다. 각 나라의 화폐에는 그 나라의 역사적 상징물이 담겨 있을 뿐 아니라 특수한 인쇄 기법 등 고유한 특성이 담겨 있습니다. 이런 점에 착안해 각 나라의 화폐 특성을 그의 감성으로 녹아내 시로 표현했습니다. 그는 한은에서 발권

국장으로 일한 적이 있는데 각 화폐에 담겨 있던 의미를 그냥 지나치지 못했나 봅니다.

그의 세 번째 시집 『행복 여행』에는 한은을 떠나 하나카드로 직장을 옮기면서 그가 거쳤던 발자취가 담겨 있습니다. 새 직장에서 알게 된 새로운 인물들의 추억, 감성, 이야기 등이 그에게 전해져 와 또 다른 창작물이 탄생합니다. 그 만큼 그는 일상을 살아가면서 알게 된 인물, 장소, 시간, 그때 느꼈던 감정 등을 그냥 지나치지 않고 '시'로 녹여냅니다. 그의 정성스러움이 하나의 시집에 담겼습니다. '경기 생각'이라는 제목의 시는 그가 2013~2014년 한은 조사국 동향분석팀장을 지내던 당시 '경기'로 고민하다 어릴 적 장사를 나가던 아버지를 괴롭히던 '경기'란 놈을 떠올리며 느꼈던 감성이 담겨 있습니다. 복잡하고 어려워 보이는 숫자 속에는 사실 서민들의 애한, 삶이 숨이 있습니다. 이러한 대목에서 시인 이정욱을 조금 더 알 수 있습니다.

"인생은 끝 모를 여행지를 따라 떠도는 것이 아니라 시간이 다 흐르기 전에 내가 살아가는 자취를 친숙한 곳에서 낯선 곳까지 한 걸음 한 걸음 옮기는 알뜰한 시간 여행입니다." 그가 이 시집에서 말했듯이 그의 시간 여행을 따라가 봅니다.

/ 차례 /

- 행복여행을 펴며　2
- 추천사_ 이영빈 국방부 기획조정실장/음악평론가　4
  　　　　최정희 이데일리 기자　6

1. 일터에서

'하나'입니다.	14
하나 해물탕	15
님 앞에서	16
서면에서	17
무등산無等山 아래	18
여러 길목 한밭에서	19
동전 한 잎의 역사	20
월악에서 태안의 사랑	22
사계의 동그라미	24
시인의 세상	26
한 송이 꽃을 바친다면	28

2. 행복을 주는 사람

하나를 알려준 친구	32
바라보기	33
고향초故鄕草	34
민들레의 이름으로	35
봄 소리	36
초록 사랑 돋는 날	38
오월의 동행	40
가을 나무 내 친구	42
겨울 아침에	43
이별의 이유	44
가을 섬마을 창가에서	46
노오란 공 연가	48
그때 그 님은	50
그날 당신의 눈물	52
달의 목소리	54
평온을 여는 소리	55
우리들의 자리	56
비를 맞으며	58
고향 새와 친구가 울다	60
'경기'생각	62
화가, 내 친구를 보내며	64
달님의 속삭임	66
섬마을 소년의 노래	68

/ 차례 /

3. 여행

하늘비	70
골목에서	72
가을 화가의 꿈	74
여행을 가듯	75
도라산 역에서	76
해솟음에 대하여	78
섬의 노래	80
그 소녀의 노래	82
얼지 않는 강	84
바이칼 호를 그리며	86
무의舞衣에서	88
굽이굽이 가는 길에서	90
섬 안에서	92
겨울 눈에 묻혀	94
그립다	96
바다를 처음 대할 때는	98

4. 행복의 사계四季

홀로 가는 길	100
봄날에	102
봄이 좋네	104
겨울나기	106
진달래를 기다리며	107
빗속의 자화상	108
고추잠자리	110
가을 이별가	112
가을 감의 성숙	113
가을 별빛을 기다리며	114
만추晩秋의 사색	116
단풍 미학	118
눈 내리면	120
겨울 나그네	122

하나.

일터에서

'하나'[1]입니다.

'하나'는 외로운 혼자가 아닙니다.
모진 바람 불거나 화사한 꽃 필 때나
늘 내편, 내 사랑 당신
가장 소중한 '하나'입니다.

'하나'는 모두 똑같음은 아닙니다.
서로의 차이와 다름마저
따뜻한 사랑과 배려로
우리가 되는 '하나'입니다.

'하나'는 여러 무리들 속에
그저의 '하나'가 아닙니다.
세상 변화의 앞에 서
늘 희망과 동행의 지혜를 가꾸는
으뜸 '하나'입니다.

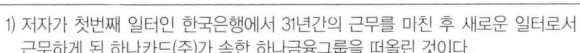

[1] 저자가 첫번째 일터인 한국은행에서 31년간의 근무를 마친 후 새로운 일터로서 근무하게 된 하나카드(주)가 속한 하나금융그룹을 떠올린 것이다.

하나 해물탕[2]

바다가 보이지 않는
달구벌 동네 어귀 '하나' 해물탕집은
귀한 해물로 인연 맺어
소중한 자식 사랑 이웃 사랑 지켜오신
어머님의 손길 가득합니다.
하나의 해물탕 또 하나의 해물탕 만들 때마다
고단한 삶마저 미소 짓게 하는
고소한 김가락, 자식의 꿈으로 가득 채우고
넘어져도 다시 우뚝 서는 삶의 용기로
그윽한 국물 향을 더하여
아름다운 생의 고백을 풀어냅니다.

[2] 대구광역시 북구 산격동에는 금융계에서 자수성가로 이름난 2023~24년 당시 하나카드 이호성 대표(현 하나은행장)의 모친이 손수 끓여 내는 해물탕집이 있는데, 여느 해물탕과 달리 고소한 김가루를 얹어주는 특색이 있다.

님 앞에서[3)]

세상 살아가는 아우성에
이 세상 저만 살려는 욕심에
자신마저 잃어가는 절벽에서
무욕과 자비의 본보기로 남고자
모진 세월, 기나긴 시간
수리수리 마하수리 수수리 사바하[4)]
수리수리 마하수리 수수리 사바하
세상을 맑게 하는 빛이여라.

3) 국립중앙박물관에 국보로 소장된 금동미륵보살반가사유상을 바라보다가 '저 금동이 대체 무엇을 고민하고 있을까'를 생각하면서 〈절박은 세상의 보배가 되는 대박에 이르는 길〉임을 깨닫게 되었다.

4) 산스크리트어로 수리는 행운을, 마하는 큼을, 사바하는 성취를 뜻하여 〈큰 행운이 이루어지소서〉라는 주문이다.

서면에서

이리 저리 둘러봐도
내 갈길 보이지 않거든
부산 서면시장 소고기국밥 냄새 나는 곳으로 가시게.
집이 먼저 있고 길이 나
사람 으뜸인 곳 찾아 가시게.
지치고 힘들 때 국밥 한 술 사랑의 손길을 느껴보시게.
순간순간이 별 거 아니라도
여러 생을 다독거린 한결같은 향기와 사랑은
나와 너 우리
소고기국밥 집에서 커피 가게까지
올바른 길을 함께 가는
역사[5]가 된다네.

---

[5] 하나카드(주) 부산센터가 인접한 서면은 1960년 3월 4.19혁명의 진원지이며 1987년 6월 민주화 항쟁 중 전국에서 가장 많은 시민들이 모인 민주화 운동의 성지이다.

무등산無等山[6] 아래

이 등성이 저 등성이
비할 수 없어 도리어 평등이 숨쉬는 곳
빛고을 무등산 아래에 서면
'높고 낮은 차이 비하지 말자'는
어머니 숨결의 평화가 흘러오네.
그대와 나는 차이가 있는 것이 아니라
다름이 있는 것이라 하네.
무등도 비할 수 없는 하나,
그대도 세상의 유일한 하나,
무등과 그대를 존경으로 바라보는 나도
세상의 하나
우리 모두 세상의 하나라네.
온통 세상을 하나로 만드는 것이
무등의 뜻이라네.

---

[6] 광주광역시를 상징하는 무등산은 본래 비할 데 없이 높은 산이라는 의미를 갖고 있는데, 현지 주민들은 등성이 없는 평평한 땅이라는 해석을 들려주곤 하였다.

여러 길목 한밭[7]에서

여러 길이 지나는 길목은
서로 다른 마음도 품어
큰 밭 사랑 열고
떠나는 이
찾아오는 이
모두 모두
이별을 더없는 사랑이라 하네.
사랑은 떠나는 이에 대한 믿음이라는
짧은 여로 봄꽃 소리도 한껏 들려주네.

여러 길목 한밭에 서면
봄볕에 살짝 왔다 가는 벚꽃일랑
가장 아름다운 이별이라 하고
초록 성숙한 축복이라 하고
세상 더욱 간절히 사랑하라는 이머님
이별가가 흐르네.

---
[7] 2025년 4월 초순 한밭의 대전. 어머님이 운명하신 직후 간 출장길에서 만개한 벚꽃이 어머님의 웃는 모습과도 같았다.

동전 한 잎의 역사[8]

동전 한 잎으로
당신의 마음을 열었던
추억이 있습니다.

무궁 무궁 무궁화 꽃이
우리의 꽃으로
우리 돈 꽃으로 피어 온
역사가 있습니다.
이 땅의 안위를 목숨 걸고 지켜
가슴 벅찬 눈물로
생의 보람과 정의를 심은
장부의 위용이 있습니다.
보릿고개를 넘어
풍요의 역사를 연 징표로서
우리네 설움을 달래온
벼이삭의 정갈한 춤사위가 있습니다.
어떠한 고난과 좌절이 와도
우리들 생의 올바른 지침으로
도도한 미래를 가꾸어 온
학의 의연함이 있습니다.

다시 동전 한 잎의 추억으로
미래를 진실과 성실로 채우려는
우리들 다짐이 있습니다.

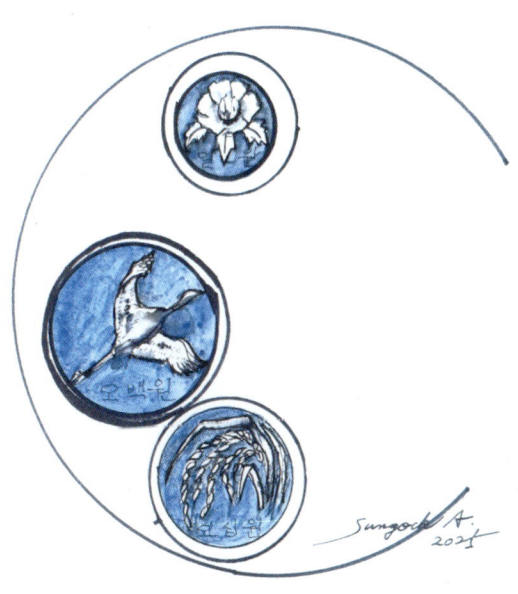

---

8) 저자가 한국은행 발권국장으로 재직한 시기인 2020년에는 한국은행 창립 70주년을 기념하여 주화 최고 품위의 프루프(proof) 제조방식을 가미한 특별현용주화세트가 발행되었는데, 당시 동 주화세트를 홍보하는 차원에서 우리나라 현용주화의 도안에 담긴 의미를 시로 풀어내게 되었다.

월악에서 태안의 사랑[9]

고요한 달빛 품어
영봉이 호수를 더욱 그리워하면
외로운 산양도 세상에 쫑긋,
솔나리 꽃 한 송이 낮달로 피어
월악의 숨결로 서네.

하늘의 용이 성벽을 쌓아도
불도의 연못이 깊어도
오누이 그 사랑을 막지 못해
계룡의 남매탑은 오늘도 그 자리.

저 멀리 떠난 이를
은하수 길 따라 가면 잡을까
산굴뚝나비의 날개라도 달았으면
변함없는 그 님 사랑
한라산 구상나무에 담겼지.

드넓은 바다, 저 멀리
떠난 님 그립고 또 그리운 마음은
지천에 깽깽이 풀로, 해당화로

태안 꽃지에 피어나고
아직도 한결같은 사랑은
할미할아비 바위의 속삭임이라오.

9) 코로나로 우울했던 2020년에 발행된 한국의 국립공원 기념주화는 세상의 우울을 떨쳐버리기라도 하듯, 기존 시리즈 기념주화보다 크기, 중량, 액면가를 높이는 등 최고의 품위로 큰 호응을 얻었으며 그 도안소재는 월악산, 계룡산, 한라산, 태안해안 국립공원이다.

사계의 동그라미[10]

봄빛 따라
철쭉꽃 따라
소백산 여우를 찾으러 갈까.
저 솟는 해를 품으러 갈까.
꿈키우는 봄의 동그라미.

눈 덮인 겨울이 와도
태백산 제단에 서서
하늘을 부르면
깊은 산 속 여울 열목어도 가만히
온 세상의 기도를 경청하는
겨울의 동그라미.

이 섬 저 섬,
홍도에서 돌산까지
예쁨이 수줍어 붉어진 바위는
푸른 바다 갈매기 부르고
하얀 풍란 꽃 피우어
스치는 바람 같은 생을 달래는
여름 다도해의 동그라미.

이제 가을로
주왕산 붉고 붉은 단풍 속으로
켠켠 바위도 물결지우는 설렘으로
님 기다리는 솔부엉이처럼
이별을 추억하는 가을 동그라미.

---

10) 2021년 발행된 한국의 국립공원 기념주화는 파격적으로 백동과 황동을 재질로 하여 소백산의 봄, 태백산의 겨울, 다도해해상의 여름, 주왕산의 가을 정경을 다채롭게 담아 화폐수집가의 큰 호응을 얻었다.

시인의 세상

시인은
아무리 큰 슬픔을 마셔도
기쁨의 눈물을 흘려요.

시인은
가을 잎새 지는 초라한 나무라도
사랑의 달빛 이야기를 속삭여요.

시인은
이스라엘 뉴세켈화[11]의 주인공이 되어도
다시 혼자가 되는 세상에 서서
때론 꽃과 사슴의 벗이 되고
늘 동심으로 꿈 찾는 나그네입니다.

시인은
물결 같은 자연의 순리를 따르며
따뜻한 인간의 숨결에 감동하는
진리의 징검다리입니다.

이스라엘 뉴세켈화는
고독의 숙명을 떠안아
더불어 사는 길을 이끄는
시인의 세상입니다.

〈이스라엘 100뉴세켈 은행권의 앞면과 뒷면〉

---

11) 이스라엘 중앙은행이 2014년부터 발행한 뉴세켈 은행권의 세 번째 시리즈 앞면
에는 모두 이스라엘이 현재 땅에서 재탄생하는 데 크게 영향을 미친 시인들의
모습이 들어 있다.

한 송이 꽃을 바친다면

사랑하는 이에게
단 한 송이 꽃을 바친다면
그분이 몹시 좋아하지만
주는 사람이 가장 잘 알고
한 송이라도 초라하지 않은 꽃이
제일 좋습니다.

그럼
끊임없이 자유와 평화의 영혼을 일깨우는 신과
우리들 자유와 화합의 길을 연 분께는
어떤 꽃을 드려야 할까요.

말레이시아 링깃(Riggit) 화폐[12]가 알려줍니다.
아름다운 여신 히비스(Hibis)를 닮은 꽃!
이곳저곳 지천에 피어
모두가 알고
한마음의 정열을 모아
늘 존경과 사랑을 전할 수 있는
무궁화를 닮은 꽃이라고.

〈말레이시아 100링깃 은행권의 앞면과 뒷면〉

12) 말레이시아 링깃 은행권의 액면은 총 6권종(1, 5, 10, 20, 50, 100 Ringgit)인데, 그 앞면에는 공통적으로 말레이시아 초대 국왕인 투안크 압둘 라만의 초상과 말레이시아의 국화로 말레이시아에서 가장 흔하게 볼 수 있는 히비스커스가 함께 들어 있다.

하나. 일터에서

둘.

행복을
주는 사람

하나를 알려준 친구

어느 삶이 지루한 날에
열 살 아래 소리꾼 벗님을 만나
참된 소리, 하나의 의미를 배운다.

하나가 되는 것은
서로의 소리를 듣고
서로의 마음을 나누어
길거나 짧거나 그대가 걸어온 생을
내 길의 고전(classic)으로 삼아
고전을 최고의 낭만(romantic)[13]으로 가꾸어 가는 것이다.

다시
하나가 되는 것은
서로 다른 길, 서로를 포용하는 꿈을 갖고
그 화합의 가락과 설렘 속에서
지난 상처를 용서하며
사랑하는 힘을 갖는 것이다.

---

13) 클래식 음악의 위대한 거장들 삶을 조명한 이영빈의 저서 중에는 "Antique is Romantique"(도서출판 국보, 2023)이 있다.

바라보기

세상 무수한 사람들 중에
내 좁은 인연의 울타리로
고맙게 찾아온 당신을
그저 바라만 보기가 어려웠습니다.
아름다운 꽃을 보듯
그저 바라보면 되는 것을
보이지 않는 뿌리를 이야기하고
일순간 알 수 없는 향기를 미리 짐작하고
당신을 온전히 지켜보지 못하였습니다.
그저 바라만 보는 것이
누군가를 사랑하는 시작과 끝인 것을
알지 못했습니다.
이제는 당신을 들풀 속에 피어난 꽃처럼
아주 또렷이 바라보며 살겠습니다.
당신을 있는 그대로
당신의 보이지 않는 향기를
자연스레 느낄 때까지
그저 바라보기를 시작하겠습니다.

고향초 故鄕草

고향 초입 산고개 넘어
눈이 큰 내 또래 아이 살던 집은
봄볕 파릇하게 올라오는 풀빛 꿈이
넘치는 희망터[14]

어린 시절 그 때나 지금이나
예쁨을 모르고 살아도
눈 맑고 마음 밝아
살아가는 재잘거림이
봄기운 종달새 지저귐보다
더 청아하고 부드러워
늘 고향이 주는 위로 속에
그 소녀 모습 있었네.

그대는 앞으로도 새록새록 짙어올
고향 풀 향기.

---

14) 경기도 안성시 일죽면과 경계한 충북 음성군 삼성면 망이산 자락에는 '온양 터'라는 마을이 있다.

민들레의 이름[15]으로

봄의 이름은
순박한 고향 민들레.

낮은 곳에서 봄빛 그득 품어
먼 하늘 바라보며
노오란 사랑꽃 다소곳이 피우네.

보잘것없는 풀잎으로
꺾지 못할 아름다움으로
봄의 온정을 전하는 뜻은
우리가 선 이 땅을
힘없고 작은 것부터
사랑하자는 뜻이려니.

봄의 이름은
낮은 들녘 풀잎 꽃 민들레.

15) "적어도 꽃은 그저 꽃이라 하지 말고 꽃의 이름을 불러 주자"는 윤태영 전 청와대 대변인의 좋은 글쓰기 강연이 시의 단초가 되었다.

봄 소리

공허한 도시의 끝 동산
산수유 홀로 피어
봄 세상, 봄 사랑 열면
이 세상의 중심에
으레 있어야 할 동심들의
버들피리 소리
잔잔히 울려옵니다.

우리가 사는 세상의
아주 가까운 곳에
미처 몰랐던
삶의 한 켠에
어릴 적 버들피리보다 더 고운
도란도란 종이상자 접는[16]
아이들의 삶의 노래가
춘심 그득 담긴 가슴을 울립니다.

---

16) 서울 다니엘 재활복지원에서 지적장애 아이들은 사회활동 훈련 차원에서 종이 상자 접는 일을 하고 있다.

초록 사랑 돋는 날

초록 사랑 돋는 날
꿈 그득 품은 비는 내리고
갓 겨울 딛고 핀 매화는
지금 더 피지 않은
행복의 시간을 축복합니다.

봄비는
언제나 세게 때리지 않고
부드럽게 내립니다.
이승을 떠나는 분께
경의의 눈물이 담긴 꽃
고요히 바치려는 뜻입니다.
못다한 사랑이 있는 이에게
지난 시간에 대한 이별의 눈물과
새로운 부푼 꿈 모두 안겨 주는 뜻입니다.

어제 봄비를 맞고
더 활짝 핀 매화는
꼭 아껴주고 사랑해야 할
사람들의 모습이 정겹게 자리하고 있습니다.
늘 자식 보고 싶어 하시는
울 어머니 웃는 모습도 보입니다.

오월의 동행

솔향기 풋풋히 흐르고
오월의 빨간 장미가
생의 정열 한껏 쏟아내는 길에
새로운 인연들과
스스럼없이 정을 나누는 복지원 아이들은
애초부터 어긋난 사랑일랑
저 하늘 무심한 구름 속에 가둔 채
오늘도 분주한 생을 걷고 있습니다.

사랑이 부족할수록
아픔이 커져가는 아이들의 가슴 속을
오월의 맑은 하늘은 달랠 수 있으려나.
그들과 동행하는 길에는
들꽃이 유난히 아름다워
세상 사람들 저마다의 응어리진 아픔이
그저 아이들 흥얼대는 유행가 속에서도
구구절절 들려옵니다.

그 길에는
사랑을 잃고 태어난 것도 서러운데
몸마저 병들어 곧 세상을 떠나야 하는 아이가
일체의 눈물도 없이

해맑은 웃음으로
끊임없는 생의 재잘거림으로
또 다른 아픈 아이의 손을 어루만지는
오월의 눈부신 사랑이 흐릅니다.

가을 나무 내 친구

곱디고운 단풍잎 찬바람에 떠나가도
그대는 여전히 그 자리
그리워 찾아가도 그 자리 선 가을 나무
내 친구는 가을 나무!

모두 떠난 빈 자리
낙엽 태우며 풍기는 향기는
내 친구 살아온 자취
보내고 다시 새 소망 가꾸는 내 친구,
가을 나무의 멋!

힘내시게!
그대의 향기 따라
가을 하늘 학이 춤추고
벗들이 시름 털고 웃는다네
가을 나무 내 친구야!

겨울 아침에

지난 코로나로 닫힌 겨울의 아침이
사라져 가는 것들을
사랑하는 시간이라면
세상을 떠나기 전 간직해야 할 것들을
추억하는 시간이라면
가난한 고향의 품이 그것이다.
어머님 아버님의 건강한 시절이다.
내세우지 않아도 서로의 최고가 되는
벗들의 살아있는 재잘거림과
쌓여만 가는 그리움이다.

이별의 이유

새 봄이 올 즈음에도
지지 못하고
겨우내 이승 나뭇가지에 매달려
회색의 단장을 한 단풍잎은 언제 지나.

떠나야 할 때, 가지 못하면
기쁠 때 웃지 못하고
슬퍼도 울지 못하는
우울의 나날일까.
신과 자연이 만든
새로운 삶의 연속일까.

생이 다하는 날까지
이별의 이유는 없다.
지나온 시간들을 정리하기 위한
버팀의 시간이
새봄에 선 색 바랜 억새 꽃잎의 고백일 뿐.

가을 섬마을 창가에서

낙엽이 가을 끝으로 가면
어설픈 젊은 시절의 추억은
먼 바다 외딴 섬마을 끝으로 가네.

떠나간 사람 앞에
다시 서지 않으리라는 맹세가
뭍 그리워 찾아온 파도 속에
소리 없이 부서지지만
그대 떠난 가을 섬마을에는
여지없이
겨울 이별로 가는 창이 있다네.

서로 다른 생을 굽는 사람을
아름답게 담대하게 바라보는
가을 동화가 흐르고
젊은 시절 추억도
내 것이 아닌
떠난 사람 행복을 비는 기도로
거듭 떠나보내는
성숙한 섬마을 가을 창가라네.

노오란 공[17] 연가

봄 노오란 개나리빛 인연은
내 품 안에서 정중히 맞아야
내 뜻대로 보낼 수 있는
작고 노오란 공의 신비를
일깨우는 운명의 시작이었네.

청춘의 방황과 꿈 모두를
노오란 작은 공의 춤에 담았던
님들의 정열은 스승의 사랑이 되고
어느새 생의 반환점에서도
노오란 공의 애환과 기쁨을
나누려는 이들의 설렘이 되었네.

스승의 강한 질책과
다독거림의 이야기는 넘치고 넘쳐
잊지 못할 추억의 메아리를 키우고
관악산 품안 여기 저기
여름 땀과 가을 낭만 그리고 재회를 꿈꾸는 겨울의
초입까지
강한 생의 의지와 미래를 결합하는
노오란 공의 신비를 가꾸었네.

거리가 먼 노오란 공의 꿈을 안고 싶다면
"잰걸음으로 늘 움직여 대비하라"

17) 노오란 공은 테니스공을 지칭하는 것으로 저자가 국가공무원 인재개발원 제 26기 고위정책과정 연수중에 비교적 오래 해왔던 테니스를 새롭게 배우면서 깨달은 지혜를 시로 표현한 것이다.

그때 그 님은[18]

그 시절 그 님은
겨울을 준비하는
스쳐 지나는 가을밤의
사랑도 알고
평범한 일상이 주는 행복이
가을 들녘 햇빛만큼이나
감미로운 줄 알았지만
그 시절 곱던 그 님은
'임을 위한 행진곡'을
목 놓아 부르며
민주를 안고 보듬으며
불의에 맞섰다네.

누가 역사의 시작과 결말을 알까요.
그때 그 님은
임을 위한 행진곡을 부르는 열정이
세상을 바꿀 거라 했네.
세상이 보여줄 수 있는 아름다움을
모두 모두 모아 놓은
가을 햇빛 물든 단풍도 잊은 채
사랑도 명예도 이름도 남김없이
민주를 위한 행진에 나섰다네.

그때의 님이시여!
오늘 이 땅에서는
그 시절 님의 노래가
승리의 역사가 치솟는
웅장한 교향곡으로
때론 님을 그리는 가녀린 바람소리로
울려 퍼지고 있네요.
사랑했습니다.
고맙습니다.

18) 광주문화재단이 2018년 10월 10일 서울 예술의전당에서 주최한 'Symphony for our Beloved(님을 위한 심포니)' 오케스트라 연주회에서 클래식으로 각색한 '임을 위한 행진곡'을 감상하며 쓴 것이다.

그날[19] 당신의 눈물

얼마나 함께 한 때가 행복해야
그 시간이 끝나는 날
벅찬 눈물에 목메어
정의 흐느낌으로
이별이 끝이 아님을 외쳤던가요.

얼마나 우리들 가슴에 깊은 정
새겨야
서로 홀로 가는 길 떠나는 날에
가슴 깊숙이 눈물 차올라
목메인 당신만큼 우리도 울고 있었음을 고백할까요.

얼마나 세상을 순수하고 멋들어지게 살아야
걸쭉한 막걸리 사발 앞에
젓가락 장단이 절로 솟는
애절한 유행가를 흐드러지게 부를 수 있을까요.

이제
그날 당신이 흘린 눈물을
우리가 가꾸어 가야 할
사랑과 우정의 징표로서
영원히 소중히 간직하겠습니다.

19) 2018년 12월 12일 국가공무원 인재개발원이 주관하는 1년간의 제26기 고위정책과정 연수과정이 끝나고 수료식이 열리던 날, 교육생을 대표하여 연수 수료 소감을 발표하던 문화체육부의 김진곤 당시 자치회 회장이 석별의 정을 아쉬워하며 감동의 눈물을 흘리던 장면의 그날이다.

달의 목소리[20]

어둠에 홀로 선 달의 목소리는
암울한 세상이 부르고 불러
자연스럽게 어둠을 밝히는 것뿐이라는 고백이라네.

봄빛 은은한 수양버들을 비추는
순정을 어찌 모를까.
어둡고 찬 강을 건너
사랑과 정의를 지키던 분에게
어둠에 홀로 선 달은
유독 밝음을 속삭이었고
별빛을 꿈으로 전해주었네.

어둠 속에 홀로 선 달의 목소리는
내 살아선 누리지 못할 바른 세상이
어둠에 갇혀 있어도
그 길고 긴 어둠을 한 올 한 올 벗겨야
새벽이 온다는 외침이었네.

---

20) 이 글은 상해 임시정부의 살림살이를 맡아 독립운동에 헌신한 정정화 선생님의 이야기를 연극화한 〈달의 목소리〉를 보고 적은 시이다.

평온을 여는 소리[21]

홀로 찾는 깊은 산속 어귀에
산토끼도 모를 고요한 바람은
대나무 숲을 흘러 흘러
더 맑은 소리 찾는 선비의 눈과
세속의 혼잡한 영혼을 씻기어
저 멀리도 날아 울려 갈
세상을 비우는 대금의 가락을 띄우네.

시름이 큰 세상에는
깊은 음폭의 애절하고 잔잔한 가락을 보내고
웃음 많은 세상에는 흥이 절로 날 경쾌한 가락을 띄우어
그렇게 세상과 자신을 비우자 하네.

"늘 속을 비우는 대나무의 겸손을
마음속으로 불러야
세상의 평온을 여는 맑은 소리가
그득히 솟아난다네."

---

21) 우리나라 대금 산조의 명인으로 손꼽히는 원장현 선생님의 대금 연주를 듣고 적은 것이다.

우리들의 자리

볏짚을 엮어
돗자리 방석을 야무지게 만들던 장돌뱅이 할아범은
자리가 사람을 만든다고 하고는
자신은 새 볏짚으로 만든 좋은 자리를 마다합니다.

좋고 편안한 자리를
손수 만들 수 있어도
그 자리는 자신의 품위에 맞지 않는답니다.

그 때의 할아범을 기억하면
내 그릇과 지식의 품을 넘는 과분한 자리는
스스로 피할 수 있을 것입니다.
그런 자리는
스스로의 바른 꿈을 가꿀 수 없을 뿐만 아니라
다른 사람의 절망도 가져올 수 있기 때문입니다.

내 그릇에 맞는 자리는
자신의 꿈을 가꿀 수 있고
자신을 바라보는 이에게
희망을 주는 자리입니다.

할아범이 그때 그 자리를 마다하는 맘으로
우리들의 마땅한 자리를 찾아야 하겠습니다.

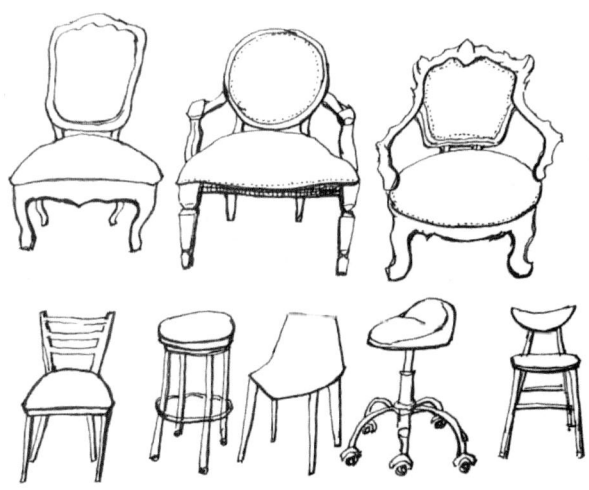

2019. 7. 8
Sungock A.

비를 맞으며

비오는 날일수록 궂은 추억만 떠올리지 마세요.
비가 거칠고 애절한 가락으로
길거리 상인들 공간을 빼앗을 때에도
내일 햇살에 빛날 나뭇잎을 생각하세요.
비를 맞는 당신 마음의 상처는
바로 그때 당신 자리가 젖고 있기 때문입니다.
내일의 꿈으로
오늘의 자리를 달래 보세요.
비오는 자리는,
사람들의 외로운 침묵은
시간이 흐른 뒤에
다가올 빛과 꿈과의 만남으로
'그래도 생은 아름답다'할 것입니다.

고향 새와 친구가 울다

내 어릴 적 삶을
온전히 지켜본
고향들녘 공동묘지 앞 외로운 나무,
그 위에 늘 새 한 마리 앉아
들녘을 향해 흐느껴 울먹였습니다.

땡볕 한 여름,
일을 해도 해도
그치지 않는 고난한 부모의 일상을
위로하는 각별한 정이 그 흐느낌에 가득했습니다.

늦은 밤
옛 고향친구와 마주 한 술자리에서도
그 흐느낌을 들었습니다.

세상 힘든 일
이리저리 부딪히며 살아도
웃음 잃지 않고 꿋꿋이 이겨낸 친구,
그 친구의 고단한 인생역정이 담긴
흐느낌이었습니다.

삶이 때론 좌절을 안길지라도
언제나 가족을 애틋한 사랑으로 감싸온 친구,
자신의 고단함을 잊은 채
늘 인연을 맺은 사람의 기쁨과 슬픔을 위로해온 친구,
그 친구가 고향 새처럼 울었습니다.

삶이 이리저리 꼬여만 가도
그것을 즐기며 인내하고 풀어갈 때
마침내 웃을 수 있다고
그 친구가 흐느꼈습니다.

'경기[22]' 생각

그날그날 장터를 오고 가는 사람들 발걸음에
장돌뱅이 울 아버지 꿈과 근심으로 설레셨네.

동네 친구 녀석들 모두 곤히 잠 들었을 새벽녘에
장돌뱅이 아버지는 추석맞이 옷 팔러 장 나갈 채비를 하시고
'오늘 경기는 좋겠지' 하셨네.

이불 속에서 자는 체하는 아들 녀석을 뒤로 한 채
어머니 입가에 몰래 입을 맞추던 아버지는
'오늘 경기는 좋겠지. 주님께서 도와주시겠지'
늘 장을 나가실 때마다 그러셨네.

도대체 울 아버지 울고 웃게 하는 경기가 무엇이길래.
장돌뱅이 우리 아버지만 좋을 거라 하셨네.
고추농사를 많이 짓는 이웃 친구 아버지, 어머니는
늘 경기가 안 좋다 하셨고
도회지로 일하러 공부하러 간 형들도 어디에서 들었는지
경기가 안 좋다 하네.

"이 놈의 경기 제발 좋아져라"
'주님이유 제발 경기 좀 좋게 혀유. 어디 계셔유'
그때 난 열심히 그렇게 기도했다네.

그래야 울 아버지 기분 좋아
친구 녀석들 자랑하는 월드컵 축구화를
나도 신을 수 있었기에.

22) 저자가 2013~14년 중 한은에서 실물경기 동향 분석을 담당했던 조사국 동향분석팀장 시절에 경기 문제로 골몰하다 옛 고향 생각을 하며 적은 글이다.

화가, 내 친구[23]를 보내며

흙벽이 오랜 세월의 가난을 지탱해온 고향 마을,
그 자화상 속에는
틈만 나면 연필을 붓 삼아 벗 삼아
초라한 공책의 여백을 꿈으로 채우고
고단한 부모의 삶을 진솔하게 그리던
친구가 있었네.

결국에는 홀로 가야할 쓸쓸한 인생의 단면 단면을
다 그린 후에야
속마음을 꺼내 놓던 친구야.
우리들 삶의 시작은 공허한 가난과 황무지이었을지라도
늘 좌절과 외로움 끝에는 친구를 볼 수 있었다.

부족함을 채우기 위해
남몰래 눈물 흘릴 순간마다
더 깊은 슬픔의 끝에 서서
도리어 삶에 대한 긍정과 용기를 갖게 한
친구, 내 소중한 친구가 있었지.

아픔 훌훌 버리고 잘 가시게.
그대 남기고 간 슬픔의 족적은
후일 나 그대 만나는 날까지

더 큰 희망과 그리움으로 키웠다가
그대 앞에 멋진 싯귀로 풀어 놓으리라.

---
23) 고향 중학교 동창인 화가 고 강원석 화가를 추모하며 적은 시이다.

달님의 속삭임

달빛 가슴 가득 담으러
스멀스멀 오는 밤을 기다리면
달님이 더 환하게 올라요.
잊혀져 가는 소중한 기억마저
둥근 마음 항아리에 그득 담아
다시 내일을 열어야 할 힘으로
곱게 곱게 전하는
둥근 달님의 신비를 봅니다.
달님이 웃어요.
달님이 우릴 보고 웃네요.
슬픔을 이겨낸 사람들에게
그래서 내일이 더 소중한 이에게
가슴 가득 웃음을 전하네요.
기쁠 때나 슬플 때나
웃음 그득할 달님 품에
우리가 있으라고
내일 낮에는
우리가 더 큰 세상 웃음 전하라고
달님이 환하게 속삭이네요.
달님이 유독 우리를 바라보네요.

섬마을 소년의 노래

뱃길 가도 가도
거기 그만치 먼 섬 가거도[24]에
뭍의 소박한 것이라도 안고 싶던
섬마을 소년의 노래는
사람이 간절하고
가난이 싫어 벗어 던지려 몸부림쳐도
다시 맞는 초라함에
저절로 솟아나는 슬픔의 변주곡.
생의 고달픔에 배고픔 잊고
섬마을 파도의 장단을 호흡하며
슬픔을 먹었던 노래
꿈을 부르는 노래
구성진 삶의 노래.

오랜 인고의 꿈을
한결같이 사랑한 간절함으로
오늘의 희망을 부르는 그 벅찬 노래는
슬플 때 가장 듣고 싶은,
어느 아침 고요한 숲속의 새소리보다
가슴 속 가장 깊은 곳을 울리는
절절한 꿈의 노래입니다.

---

24) 이 시의 주인공인 테너가수 조용갑 씨의 고향으로 전라남도 신안군 흑산면에 딸린 섬인데 목포에서 직선거리로 145km, 뱃길로는 233km, 흑산도에서 동지나해를 향해 남서쪽으로 82km 떨어져 있는 절해의 고도이다.

셋.

여행

하늘비

해금강 바위 틈사이
자그마한 천년살이 소나무는
무얼 먹고 살까.
하늘 내려주는 비를 기다리나.
바다가 품어주는 늘 촉촉한 사랑이겠지.
그래야 천년을 살겠지.
바람에 꺾이지 않게 나지막이
저 먼 곳 마음 두지 않고
한 자리에 흔들림 없이
그게 천년살이 마음이다.
세상이 슬픔만 준다해도
하늘 비 내리는 풍족의 시간을 기억하며
바다의 온화한 햇살을 맞는
천년살이!

골목에서

세상 커피 다 맛본 것 같다고 자랑하고 싶거든
남산 오르는 골목에 그대 기다리는 커피 가게를 가라.

사람을 기다리는 커피 향은 더욱 은은하다.

내 집 불편하다고 더 큰 집 찾고 싶거든
도심 깊은 산자락 여러 칸 나누어
월세 놓고 이방인 기다리는 좁은 골목을 걸어라.

이방인은 멀리서 좁은 골목집을 찾아 왔다.

세상 혼자 서 있을 만큼 외로울 때는
도심 골목 걸으며 살기 바쁜 사람들을 봐라.

세상에는 결국 혼자인데 내 여로를
스치는 얼굴이라도 있으면 혼자가 아니다.

지금까지 세상의 일부라도 함께 걸어오고
앞으로 함께 할 그대가 더욱 보고 싶은 이유입니다.

가을 화가의 꿈

기나 긴 여름이 언제였나.
두타[25]와 청옥 봉오리 사이
더없이 멋스런 화폭을 여는
곱디고운 가을빛은
여름내 한껏 연모의 정 키웠다가
바위 켠켠이 숨겨진 잎새마다
지척 바다도 부러워할
음양의 어울림으로
울긋불긋한 단풍 바람의 색감으로
무릉계곡을 펼치고 휘감아
여기 세상 가장 아름다운 것을 찾는 이에게
님 잃은 슬픔 촛대바위에 간직한 이에게
지지 않을 사랑의 꿈 안겨주네.

[25] 강원도 삼척 소재의 두타산을 지칭한다.

여행을 가듯

정겨운 집 앞 시장 골목으로
여행을 가요.

낯선 이국 땅 골목을 걷는 듯
다시는 돌아올 수 없는 시간
지금 아니면 볼 수 없는 절박함으로
한 걸음 한 걸음 다가가
시장의 향기를 품어요.

빠알간 떡볶이도
얼큰한 국물에 잠긴 어묵도
이방인을 끄는 이국적 향기가 되듯
집 앞 시장 골목의 풍경은
당신의 부풀은 품 안에서
낭만이 잔잔한 외국의 거리가 될 거예요.

인생은 끝 모를 여행지를 따라 떠도는 것이 아니라
시간이 다 흐르기 전에
내가 살아가는 자취를
친숙한 곳에서 낯선 곳까지
한 걸음 한 걸음 옮기는
알뜰한 시간 여행입니다.

도라산 역[26]에서

더 멀리 가야 할 곳 남았는데
여기에 그쳐 맘이 아리는 곳
세상에 영원한 이별은 없겠지요.

더는 돌아서야만 하는
끝이 아니기를 소망하며
이곳 도라산역 구석구석에
그리움 가득 던져두고 갑니다.

이 곳을 넘어
이 곳을 지나
이 땅의 애끓는 사연,
서로 다독이며
함께 같은 곳을 바라보면 좋겠습니다.
언제 그랬는지 아무도 모르게
도라도라
똑바른 길을 함께 가면 좋겠습니다.

---

26) 경기도 파주시 DMZ 비무장지대에는 경의 · 중앙선 종착역인 도라산역이 있다.

해솟음에 대하여

저 멀리 힘찬 숨 몰아치며
파도가 해를 깨워
어제와 다른 오늘의 일탈을
손짓하면
파도의 넘실대는 가락을 타고
빨간 해 솟아
오늘의 일탈을 알립니다.
세상 모든 것이
오늘은 어제와 달라져야 할
숙제를 받는 순간입니다.
오늘은 무엇을 바꿀까.
그것이 오늘의 해가
파도의 거센 힘으로 솟아난 해가
당신께 주는 오늘의 과제입니다.

섬의 노래

울릉도에 오신 당신께
봉오리째 지는 동백꽃 순정이
어느 날 떠날 당신께
들려주는 노래는
바다 바람과 파도가 정겹게 부르는
춘향의 사랑가입니다.

그 노래는
당신 오실 때는
울렁대는 설레임 가득 주는 장단으로
머무실 때는
바다와 산 그리고 바위의 신비한 어울림이
빚어내는 부지깽이
그 순박한 자연의 맛 가락으로
간드러지게 흘러나오는 유행가입니다.

당신 오실 때는 당신의 뜻이었지만
당신을 보내는 바람과 파도의 장단은
섬이 정하는 애절한 이별가입니다.

그 소녀[27]의 노래

홀로 설 내일을 그저 기다리는
수많은 이방인의 고단함이
도쿄 이케부쿠로 밤거리,
노오란 가로등 불빛에 차올라도
무심한 나그네의 발길 잡는
꿈의 울림이
이국 소녀의 길거리 노래 가락에 흘러
각박한 삶에 지친 이들과
세상의 별빛을 꿈꾸는 이들 모두
서로를 알아가며 살자 하네.

오늘보다 내일에는
늦은 밤 길거리의 노래가
더 많은 이방인의 벗이 되는 거리!
오늘보다 내일에는
더 많은 이가 자신을 알아보는 세상!
그 소녀는
꿈의 노래로 이케부쿠로의 밤을 울리네.

---

27) 그 소녀 노래의 주인공은 Ann Una라는 2018년 당시 중국인 가수지망생으로 도쿄 이케부쿠로 동경예술극장 앞 광장에서 버스킹을 하다가 당시 국외출장이었던 필자의 공연 관람에 감사하여 사진을 함께 찍은 추억이 있다.

얼지 않는 강

오늘 굶주림만 채우려 흐르지 않고
긴 겨울 속에서도
이르쿠츠크 앙가라 강은 흘러 흘러
저 맑은 바이칼 호수의 혼을 담아
꿈을 이야기하는 인생의 멋과
나무와 숲의 성장을 지켜주는 사랑과
더 아름다운 것을 향하는 예술의 향기를
오늘도 부르고 있네.

바이칼 호수의 푸르고 넓은 가슴을 사랑하여
푸른 솔, 순백의 자작도
리스트비얀카의 마을을 이루고
오늘의 빵조각과 권력에 흔들림 없을
장엄하고 꿋꿋한 물결의 흐름에
살아가는 멋의 운치를 얹고 있네.

"시베리아의 현실이 고달파도 울지 말라."
"춥고 고달픈 겨울을 미리 겁내지 말라."
오늘 여름날도
내일 멀리서 혹독한 겨울이 와도
바이칼 호수의 물은 앙가라에 흘러 흘러
그렇게 외칠 것이네.

바이칼 호를 그리며

호수가 바다를 닮아
넓고 넓은 가슴에
그대 바라보는 마음도 넓고
설령 그대 오실 때면
산과 푸른 숲이 물결을 가라앉히는 사랑이여!

호수가 바다일 수 없어
거센 파도의 증오도 없어
넓디넓고 맑은 물결의 마음은
왜 그리 평온하오.
정말 누구를 기다림인가.

혹여 바다가 들어설 여유 없는 당신께
넓은 사랑 안겨주고
파도의 상처 주지 않고
"당신을 사랑합니다" 외치는
풍요의 바이칼이여!

무의舞衣[28]에서

바다가 산을 품고
첩첩 산이 풀을 가꾸니
스쳐 지나는 바람에도
진한 풀내음 온 섬을 흐르네.

넓은 바다,
드넓은 세상에 스쳐 지나온 지난 세월이
보잘것없는 한 줌의 흙,
이 땅의 아주 작은 한 조각이려니
섬 안 숲 속의 나무와 풀이 동행하며
바다의 습기를 애절히 호흡하여 왔네.

몰래 숨어 자신의 신비를 감추고
이방인을 위한 소박한 춤의 향연을 위해
여기 무의(舞衣)가 있었네.
세상의 주연으로 살아 본 적이 언제인가.
갈매기가 묻고
흘러가는 구름과 바다,
또 친구가 물었네.

이제는
파도를 동경하며 작은 추억의 포말을 떠올리는 순간에도

섬이 주인 되는
내가 주인공이 되는
단편이라도 그런 시와 인생을 찾아야지.

---
28) 인천광역시 중구에 소재한 무의도를 지칭한다.

굽이굽이 가는 길에서

굽이굽이 조령 이화령 긴 고갯길을
두 바퀴로 오를 때에는
먼 정상일랑 마음에 두지 말고
잰 걸음 걷는 듯
더위에 지친 풀에 솔바람 지나 듯
목표는 아주 가까운 거리에 두고
당신의 숨길과 발길을 사랑하세요.

높은 정상일수록
짧은 발길이 모이고 쌓여
땀의 단내를 느끼며 갈 때
정상은 자연스레 다가오고
그래야
지나온 땅과 하늘을
더욱 올곧게 바라볼 수 있습니다.

두 바퀴 자전거가
힘든 오르막길의 여정에서
생을 고뇌한 자에게 베푸는
필연적 빠른 내리막은
굽이굽이 고갯길의 정상이
세상의 공평이라 알려 줍니다.

섬 안에서

멀고 험한 길을 가다
발길을 돌려서라도
그리운 이를 볼 수 있다면
그건 행복입니다.

지난 오랜 시간을
되돌릴 수 없지만
잠시 그 시절 그리움을
뭍과 단절된 당신의 섬 안에서
누릴 수 있는 건
더욱 큰 행복입니다.

지난 시간의 슬픔과 기쁨 중
미완의 슬픔이 더 큰데도
설레임으로
기쁨으로
그리운 사람 앞에서 설 수 있는 건
아주 소중한 행복입니다.

지난날 섬의 숱한 이별과 한이
섬 바다 내음에 깊숙이 잠겼어도
끝없는 파도와 바위의 속삭임이

늘 그리운 추억을
해맑은 웃음으로 전해올 거라 믿는 건
가장 큰 행복입니다.

겨울 눈에 묻혀

하늘과 땅 속 물이
가장 가까이 만나
따스한 정 연무로 피우는 곳.

백색 고운 은은한 달빛도
자작나무 표피에 인고의 사랑을 적으면
긴 겨울 버텨야 할 불씨와
사람에 대한 그리움이
혹한의 강물 속마저 흘러.

온통 눈 천지인 세상,
이곳 낯선 홋카이도 이방인은
살아온 세월을 포근히 감싸 안습니다.

더 굳세게
눈 내리는 하늘 끝까지
여기까지 함께 한 사람들과
생을 나누는 기쁨이
온 세상 눈만큼이나 가슴 가득 차오릅니다.

그립다

눈 내리는 하늘은
먼 곳 그리움
많은 세월의 끝에도 흩뿌리고
그리움은 늘
먼 시간과 곳으로부터
쌓여온 것임을 알려 주네.

함께 버티어 온 시간들
그 어딘가에
떠나는 이가 있고
보내는 이가 있어
그리움이 쌓여 왔겠지.

결국 인생의 끝은
홀로 간다지만
그리움이
그 최후의 여행을
아름답게 하는 것.

기다림 속에 쌓인 그리움은
만남의 희망과 설렘이 있어 좋다.
지난날의 부족함과
화려함조차도
이해하고 새로이 다독이는
애틋한 정이 있어 좋다.

이제는 그립다 그립다 말하자.
어디선가 과거의 기억을 함께 나눈
이에게
그립다 그립다 말하자.
홀로 가야 할 마지막 여행이
후회롭지 않게
그립다 그립다 이야기하자.

바다를 처음 대할 때는

초록잎 추억 짙어지는 날에
바다를 처음 만나면
멀리 두고 온 고향집의 장독대
크고 작은 항아리의 노래가 들립니다.
바다의 가락이 만든 세상의 둥근 꼴,
소나무가 구부러지고
기쁨이든 슬픔이든
지나온 삶을 아름다운 추억으로
장독대 돌을 고이는 사람들
그 삶의 찬가는 가락이 꺾여
부드럽기만 합니다.
아! 내 인생이 둥글둥글
온 세상이 둥글어지는 축제!

넷.

행복의 사계四季

홀로 가는 길

겨울 끝 눈 내리는 산 봉오리
계곡 계곡 켠켠 쌓인 미련
새벽 안개로 흩뿌려
홀로 가는 나그네 발길 잡으면
산 속 새 한 마리 날아와
가던 길 가라 하네.
봄이 오는 곳으로
새 생명 솟는 곳으로
꿈 찾아 가라 하네.
가는 길 벗도 보고
여기 저기 삶의 노래
구성지게 부르라 하네.
홀로 가는 그 길
고만고만 슬프지 않게.

봄날에

봄날을 맞기까지
겨울은 얼마나 길고
애틋한 추억을 삼켰을까요.

꽃 천지 봄날이 와도
웃지 못하고 서러워
그저 울고만 싶은 사람은
이 다소곳한 봄날이
얼마나 미울까요.

봄날에
온갖 꽃향기를 느낌 그대로 맞고
미소 지을 수 있다면
바로 지금이
가장 행복한 때입니다.

봄이 좋네

겨울 끝자락
따사로운 봄의 햇살 은은히
참새는 옷매무새 예쁘게 단장하고
호수가 여기저기 봄의 소식 알리네.

겨우내 푸르름 지켜왔던 푸른 솔
참새의 청아한 지저귐에
곱절 더 푸르고
자잘히 가까이에서만
숨소리 들려주던 호수는
가녀린 이른 봄바람에도 넘실대며
저 멀리 물의 근원지로
눈길을 가게 하네.

살아온 날이 때론
겨울 얼음 속에 닫혀있나 싶다가도
너울대는 봄바람 있어
오늘 이 삶이 물결처럼 흐르고
그 물결 구비마다
희망 적어 띄우고
사랑을 보내나니
그래서 더 더욱
봄이 좋네.
봄이 좋아.

겨울나기

다람쥐가 겨울나무에게
'겨울은 버티는 시간'이라 토닥이면
나무는 새 싹을 키우는 시간이라
차가운 바람도 그립다 한다.

새벽 까치가 겨울 세상에게
'동트는 새벽녘이 가장 매섭다'하면
그 때 햇살이
가장 아름답고 희망스럽다고
씨앗을 키우는 농부가 말한다.

겨울이 살맛난다고
겨울 산촌 마을 풍경이 전한다.

진달래를 기다리며

겨우내 그리움 가슴 깊숙이 묻고
홀로 서는 세상과의 새로운 만남을 위해
그대는 봄 날 은은한 설레임
수줍은 분홍빛 매무새로 오고 있습니다.

꿈 아닌 욕망을 채우기에 급했던 세월
이제는 비우는 기다림으로
비록 짧은 날의 영화라도 감사하며
다시 또 다시 꿈을 꾸어 갈
그대 모습 가꾸겠습니다.

지내온 세월 슬픔과 기쁨 모두
꿈에 부푼 그대를 맞는 비움으로
한 발 두 발 차근차근
홀로서는 나날의 여로를 만들겠습니다.

내가 선 이 자리를 늘 감사하며
그대를 희망으로 함께 볼 사람들과
세상을 사랑으로 나누며
늘 당신의 고독을 안고 가겠습니다.

빗속의 자화상

나뭇잎 푸르고 무성하여
세찬 빗방울, 잎새를 타고 고요한 가락으로 흐르는 듯
인생 절반 속의
무수한 연민과 후회도
깊은 숨결, 정적의 여백으로 흐르네.

어린 잎새가 받아내기에는
너무도 세찬 빗줄기가 있었음을
그 때는 몰랐었네.

지난 날
그리워 후회하고 번뇌하며 자책했던 때론 소망했던 모든 것이
세찬 빗 소리되어 가슴을 때렸지만
이제와 대하는 빗속에서는
그날의 동요와 벅참을 고요한 운율의 가락으로
감사하고 있네.

어린 잎새의 시절,
저녁노을 색조를 맞으며
남몰래 미래와 사랑을 그렸던 열정도
이제는 세찬 빗소리 한 가운데 일지라도
한 모금 입가에 머무는 찻잔에 담아
조용히 음미하는 나를 보네.

고추잠자리

무더운 여름날에도
들로 나가신 어머니가 못내 안쓰럽고 그리워
들로 향하던 논길에는
무심한 고추잠자리 창공을 휘저었네.

고추잠자리는
푸른 하늘아래 밝은 곳에서만
꿈의 날개를 펼치는 반쪽 나그네.
슬픔과 어둠 속에서는
어디론가 자취를 감춰버리는 얄미운 나그네라네.

낮은 곳이라도
언제나 꼭대기에 머물러야
사색의 안식을 찾고
더 큰 방향의 꿈을 꾸는 욕망의 나그네.

때론 이웃과 현실에 멀리 떨어져
허황된 꿈으로 치달을 때
외톨이가 되는 우리 인생은
고추잠자리의 앞날이 아닐까.

가지고 채우려만 하는 슬픈 종말의 꿈 대신에
베풀고 비우는 기쁜 맘을
고추잠자리는 아는 지
무정한 고추잠자리.

가을 이별가

늦가을 나무의 품에서
가장 곱고 화려하다
세상 끝 여행으로 가는 낙엽은
스스락 바스락 바스락 스스락
정처 없는 인생의 자취를 훌훌 털어
바람 부는 거리마다
잊혀진 이별가를 울리네.
쓸쓸한 밤의 비바람이 더 더욱
이별을 재촉하는 노래는
오늘 이별 없이는 그리움 없고
오늘 이별 없이는 간절한 사랑도 없고
세상 다시 서는 기쁨도 없다 하네.
가장 아름다울 때 떠나는 이별이
내일 더 아름답고 푸근한 세상으로
가는 길이라 하네.

가을 감의 성숙

한 올 햇볕도 소중해
뒷동산 가을 감은
살포시 가을 빛 사랑 담아
진한 분홍 색조의
성숙한 이별을 채비하네.

가장 아름다울 때
누굴 기다리는 설레임과 다르게
새로운 세상으로
홀로 떠나는 사람들을 위해
더 이상 아름다울 수 없어
가을 햇빛 사랑 품속에서
스러지는 아름다운 이별을 위해
가장 예쁜 모습으로
감이 익어가네.

가을 별빛을 기다리며

어디로 가야 할지
새로운 길을 가야 할지
지레짐작 그 길 가는 게
두려울 때는
가을밤 빛나는 별을 찾아요.
깊은 밤 어둠 들어선 숲속에서
홀로도 무서움 없던 호랑이가
고독에 슬퍼할 때
다시 새 길을 재촉했던 꿈빛입니다.

아무도 걷지 않는 밤길을
홀로 가는 호랑이에게
유독 빛나던 별,
학문의 길을 다시 또 다시
이으려는 선비의 뜻을
지켜주던 별,
이제 와 다른 길을 가려는 이에게
은은한 미소를 내리는 별이
지금 가려는 길이
꿈을 여는 길이라 속삭입니다.

멀리서 그대 꿈을 비추는
별의 속삭임에 귀를 기울여요.
지금 가려는 길은
고될지라도
그대 꿈으로 가는 시작입니다.

만추晩秋의 사색

이 가을에
떠난 사람과 얻지 못한 것을 돌이켜 생각하면
끝없는 그리움과 다시 갖고픈 아쉬운 집착이
외로움을 몰고 옵니다.

그리워할수록
멀어지는 속앓이 사랑을 알고
묵묵히 밤을 지새우며 다가가도
높아만 가는 꿈의 허상함도 알지만
채우고 다시 채우는 데 길들여진 삶의 조급함이
쉽사리 떠나지 않습니다.

그러나
이 가을, 이국땅의 낙엽진 거리를 거닐며
가을은 남아서 기다리는 사람보다
미련을 비우고 떠나는 것들을 위한 시간임을 생각합니다.
온통 채우려는 데 길들여 진, 이 욕심을
스러져가며 자신의 색깔을 버릴수록
더욱 찬연히 빛나는 가을 단풍의 숙연함에
떨쳐 버리고 있습니다.

채우려는 대신 비우고
소유하려는 대신 놓아주고
떠나려 할 때 기꺼이 보내주는,
가을 낙엽의 운치를 엿보고 있습니다.
스스로를 아낌없이 비울 수 있어야
더욱 아름다운 빛을 발하는
이 가을 단풍을 가슴에 꼭꼭 새기고 있습니다.

단풍 미학

시선을 멀리하여
곱게 물든 단풍잎 스러지는 산을 바라보면,
어느 옛 사람의 상여가 나가던 길
한껏 휘날리던 만장(輓章)이
이승을 마감하는 슬픔보다는
저승의 새로운 세계를 만나는
축제의 깃발인양
가슴이 벅차도록 뭉클해오네.

분명
형형색색 곱게 물든
단풍의 스러지는 아름다움에 넋이 너무 나간 것일까.
이승과 저승의 접점을 수놓았던
화려한 만장이 단풍잎이 되어
온 산을 뒤덮다 사라지고
슬픔과 환희가 뒤섞인 흥겨운 곡소리를
들으려 하네.

저 단풍잎은
떠나야 할 때, 비우어야 할 때를 알고
스스로 떠나는 아름다운 모든 것을 위한
축제의 향연이로세!

눈이 부시도록, 가슴이 뭉클하도록
스러지며 발하는 저 고운 빛깔은
떠나야 새로운 것이 빈 자리를 메우고
비우어야 새로운 것이 들어섬을
온 산에 알리고 있네.

눈 내리면

소리 없이
짧은 겨울 낮을
몰아지경의 백색 사색으로
몰아넣는 눈이 오는 날이면
고향 산 속
총총한 작은 나뭇가지 아래
둥지 틀어 겨울의 정담을 나누던
꿩 두 마리 있었지.

조그만 보잘 것 없는 둥지지만
그 닫힌 한 켠으로
더 넓고 더 먼 흰색의 열린 밖과
겨울바람 소음으로 미쳐 들을 수 없었던
이곳저곳 세상의 살아있는 울림이
더 높고 더 맑게 다가왔던 곳.

살 속을 파고드는 추위를 딛고
따스한 햇빛 품어
겨울 가난의 시름 달래던 고향집 지붕,
그 위를 흰 눈이 덮는 날에도
그 집 안 사람들,
더 넓은 들녘 펼쳐진 열린 세상 품고
이곳저곳 세상의 소리를
더욱 또렷이 들을 수 있었네.

겨울 나그네

저편 봄을 재촉하며 내리는 눈발은
언 나뭇가지에 새를 불러 모아
겨울 세상의 나그네 만들고
봄볕 향한 그리움 겹겹이 쌓아만 가네.

찰랑이는 바람에 흩어지는 눈일랑
훌훌 털어 버려야 할 미련의 앙금인양
버려도 사라져도 세월의 흐름을 아쉬워 말며
거센 바람에도 차곡차곡 쌓여 풍경으로 남는 눈이라면
봄을 향한 꿈의 결정(結晶)이려니
웃음 그득한 여유로 맞을 일이다.

그렇게 눈발이 내리는 대로
그렇게 세월이 흐르는 대로
때론 목청 높여 시간을 이끄는 주인공에서 벗어나
그저 바라보고 느끼고
주어진 것에 동병상련을 나누는
나그네로 살아볼 일이다.

행복 여행

초판 인쇄   2025년 6월 5일
초판 발행   2025년 6월 11일

지은이 이정욱
발행인 임수홍
편 집 맹신형

발행처 한국문학신문
주 소 서울 강동구 양재대로 114길 32 2층
전 화 02-476-2757~8   FAX 02-475-2759
카 페 http://cafe.daum.net/lsh19577
E-mail kbmh11@hanmail.net

값 17,000원

ISBN 979-11-90703-99-4

· 저자와의 협약에 의해 인지는 생략합니다.
· 이 시집의 글은 저작권법에 따라 보호를 받는 저작물이므로 저자와 출판사의 동의 없이는 무단 전재 및 무단 복제를 금합니다.

· 잘못된 책은 바꾸어드립니다.